MW01133485

Lesen Lernen von A-Z

Buch zum Selbstlesen
für Kinder von 3-7 Jahren

Ingo Gulde

ISBN-13: 978-1530936465
ISBN-10: 1530936462

INHALT

Mit jedem Buch/Kapitel kommen neue Buchstaben hinzu. Hier ist eine Übersicht:

Buch/Kapitel	Neue Buchstaben
1	A, M, O, P
2	D, F, N, U
3	L
4	E, S
5	I, T
6	R
7	C, H
8	B, X, W, ß
9	G, Ö
10	Z, Ä, Ü
11	J, K, Q
12	Y, V

1

OMA OPA MAMA PAPA

Buch 01

Mama.

Papa.

Mama, Papa.

Oma.

Opa.

Oma, Opa.

Oma, Mama.

Papa, Oma.

Mama, Opa.

Opa, Papa.

Mama, Papa, Oma, Opa.

2

MOND UND PANDA

Mond.

Panda.

Mond und Panda.

Panda auf Mond.

Papa auf Panda.

Oma auf Papa.

Opa auf Oma.

Mama auf Opa.

Panda, Papa, Oma, Opa und
Mama
auf dem Mond.

3

LAUF LOLA LAUF

Auf Oma auf!

Lauf Oma lauf!

Oma am Pool.

Auf Opa auf!

Lauf Opa lauf!

Oma und Opa am Pool.

Auf Paul auf!

Lauf Paul lauf!

Oma, Opa und Paul am Pool.

Auf Lamm auf!

Lauf Lamm lauf!

Oma, Opa, Paul und Lamm am Pool.

Auf Lola auf!

Lauf Lola lauf!

Oma, Opa, Paul, Lamm und
Lola am Pool.

4

SONNE UND ESEL

Sonne und Esel.

Sonne, Esel, Sonne, Esel…

Sonne!

Daumen und Nase.

Daumen, Nase, Daumen, Nase...

Daumen!

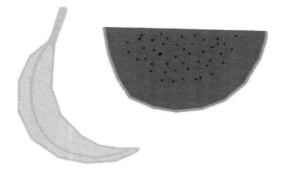

Banane und Melone.

Banane, Melone, Banane,
Melone...

Banane!

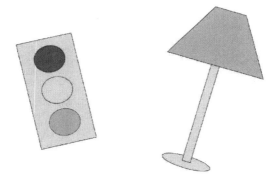

Ampel und Lampe.

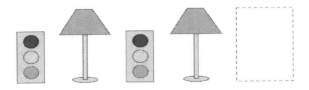

Ampel, Lampe, Ampel,
Lampe…

Ampel!

Affe und Palme.

Affe, Palme, Affe, Palme...

Affe!

Maus und Laus.

Maus, Laus, Maus, Laus…

Maus!

Eule und Amsel.

Eule, Amsel, Eule, Amsel…

Eule!

5

DAS IST..

Das ist Mama.

Das ist Papa.

Das ist Paul.

Das ist ein Panda.

Das ist Tante Lola.

Das ist ein Lamm.

Das ist eine Lampe.

Das ist ein Ball.

Das ist eine Banane.

Das ist eine Amsel.

Das ist ein Affe.

Das ist eine Eule.

Das ist ein Esel.

Das ist eine Insel.

Das ist ein Iltis.

Das ist eine Tulpe.

Das ist eine Tasse.

Das ist eine Laus.

Das ist eine Maus.

Das ist ein Pudel.

Das ist eine Palme.

6

RUMS!

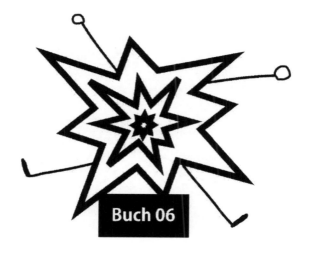

Das ist Rolf.

Rolf rollt rauf.

Rolf rollt runter.

Rolf rollt Runde um Runde.

Rolf rollt und rollt.

Rums!

Rolf rennt rauf.

Rolf rennt runter.

Rolf rennt Runde um Runde.

Rolf rennt und rennt.

Rums!

Rolf ruft rauf.

Rolf ruft runter.

Rolf ruft und ruft.

Rums!

7

HALLO TIERE!

Buch 07

Hallo Hummel!

Hallo Huhn!

Hallo Hahn!

Hallo Hund!

Hallo Hai!

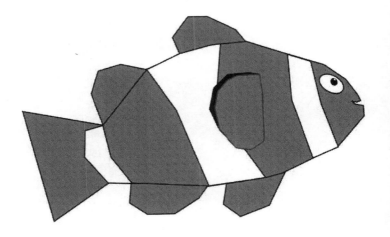

Hallo Fisch!

Hallo Frosch!

Hallo Storch!

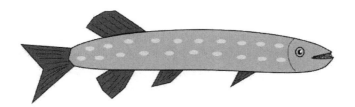

Hallo Hecht!

Hallo Hirsch!

Hallo Luchs!

Hallo Fuchs!

INGO GULDE

8

FELIX BEIßT MAX

Buch 08

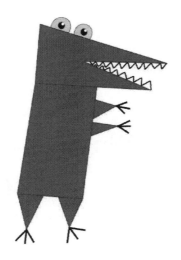

Ich heiße Max.

Ich heiße Felix.

Max und Felix wollen spielen.

Felix beißt Max.

Das tut weh. Max schreit.

Max weint.

Felix tut es leid.

Max lacht wieder.

Max wirft einen Ast.

Felix rennt.

Felix holt den Ast.

Max freut sich.

Felix freut sich.

Max und Felix haben Spaß.

INGO GULDE

9

DER LÖWE

Der Löwe steht.

Der Löwe geht.

Der Löwe springt.

Der Löwe singt.

Der Löwe rennt.

Der Löwe pennt.

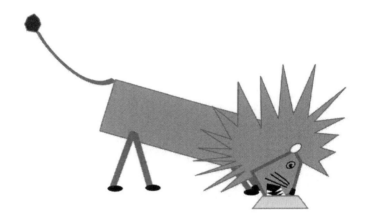

Der Löwe speist.

Der Löwe beißt.

Der Löwe riecht.

Der Löwe ist baff.

Der Löwe weint.

Der Löwe ist erschöpft.

Der Löwe wacht.

Der Löwe lacht.

INGO GULDE

10

DER ZUG

Buch 10

Der Zug fährt los.

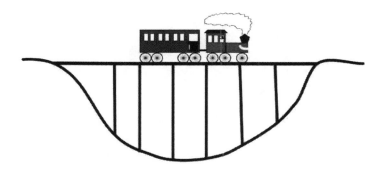

Über Brücken,

über Berge,

durch Täler,

über Straßen,

über Felder,

durch Wälder,

durch Städte,

durch Schnee,

durch Regen,

durch Blitz und Donner,

durch Tag …

… und Nacht,

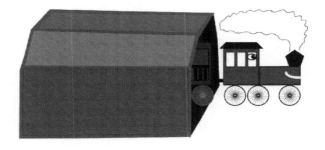

durch Tunnel,

um die ganze Welt…

...und wieder zurück,

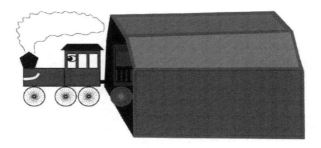

durch Tunnel,

durch Tag…

…und Nacht,

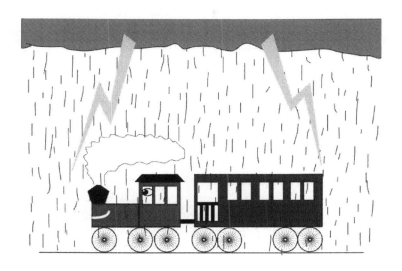

durch Blitz und Donner,

durch Regen,

durch Schnee,

durch Städte,

durch Wälder,

über Felder,

über Straßen,

durch Täler,

über Berge,

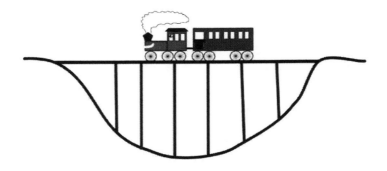

über Brücken…

...zurück nach Hause.

11

KAI DER HAI

„Ich bin Kai.

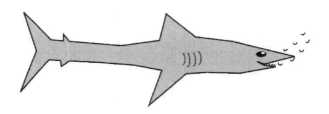

Kai der Hai."

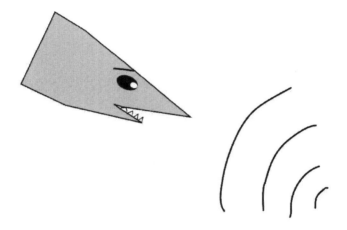

Was quiekt denn da!

Eine Qualle!

„Was hast du Qualle?"

„Ich hänge fest!

Kannst du mir bitte helfen?"

„Ja, ist doch klar!"

Kai schiebt den Stein.

Die Qualle jubelt: „Juchhe!

Ich bin frei!

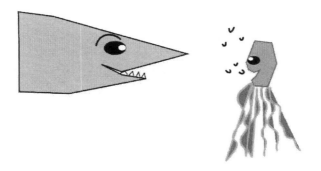

Danke Hai!"

„Nenn mich Kai!

Kai der Hai."

„Danke Kai!"

12

VAMPIR PARTY

Ein Vampir.

Zwei Vampire.

Drei Vampire.

Vier Vampire...

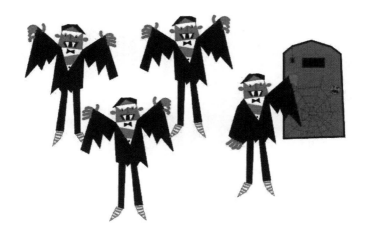

...klopfen an die Türe.

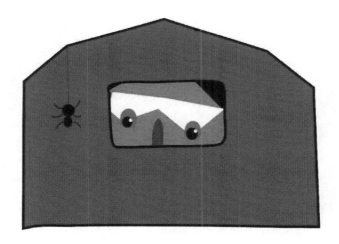

Heraus guckt ein Mann.

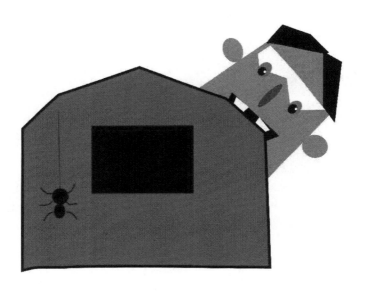

Auch ein Vampir!

„Hallo, ihr vier!

Kommt mit auf meine Jacht!

Wir fahren heute Nacht...

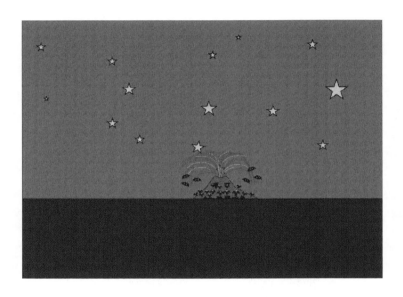

...zur Insel der Vampire...

...und tanzen bis um viere."

Fünf Vampire auf der Jacht…

...sagen: „Gute Nacht!"

Von A bis Z, endlich geschafft!

Ende

Für meine Kinder Lily, Kai und Cora.